AF188344

Impressum
Verlag: BABADADA GmbH, Nedderfeld 112 , 22529 Hamburg
Geschäftsführer / Verlagsleitung: Harald Hof
Druck: Books on Demand GmbH, In de Tarpen 42, 22848 Norderstedt

Imprint
Publisher: BABADADA GmbH, Nedderfeld 112 , 22529 Hamburg, Germany
Managing Director / Publishing direction: Harald Hof
Print: Books on Demand GmbH, In de Tarpen 42, 22848 Norderstedt, Germany

okul

школа

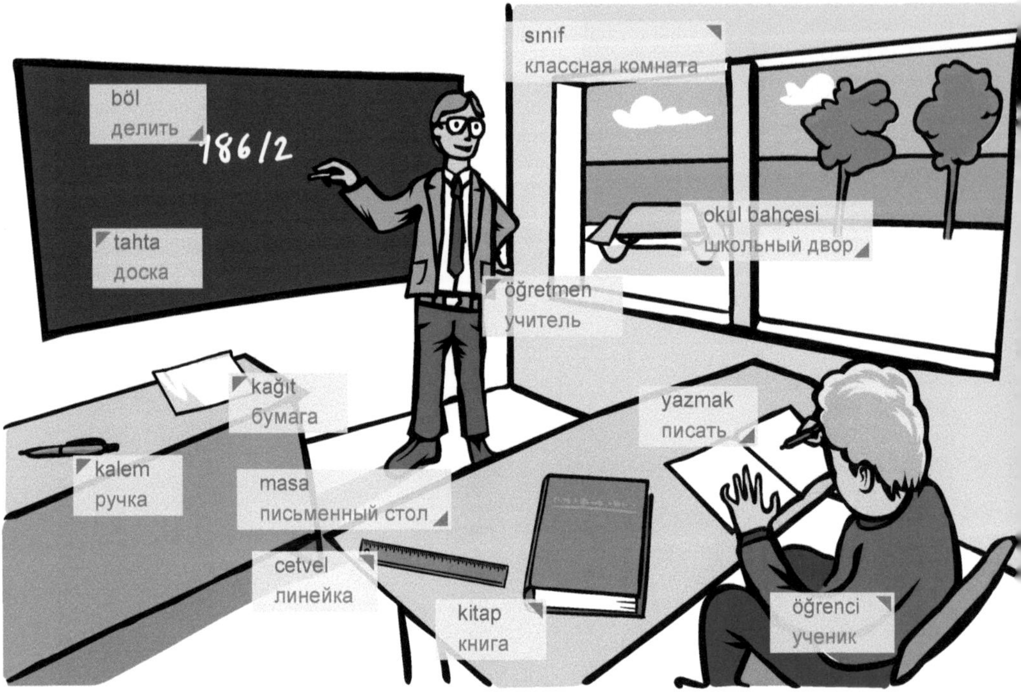

sınıf
классная комната
böl
делить
186/2
tahta
доска
okul bahçesi
школьный двор
öğretmen
учитель
kağıt
бумага
yazmak
писать
kalem
ручка
masa
письменный стол
cetvel
линейка
kitap
книга
öğrenci
ученик

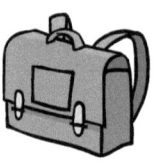

okul çantası

ранец

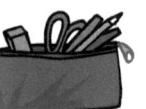

kalemlik

пенал

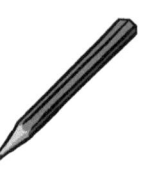

kurşun kalem

карандаш

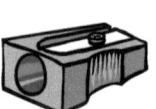

kalem açacağı

точилка

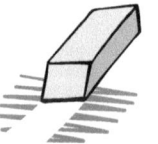

silgi

ластик

çizim defteri

альбом для рисования

çizim

рисунок

resim fırçası

кисточка

boya kutusu

коробка красок

makas

ножницы

tutkal

клей

alıştırma kitabı

тетрадь

ödev

домашняя работа

sayı

цифра

ekle

прибавлять

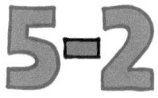

çıkar

вычитать

çarp

умножать

hesapla

считать

harf

буква

alfabe

алфавит

kelime

слово

metin

текст

okumak

читать

tebeşir

мел

ders

урок

kayıt

классный журнал

sınav

экзамен

sertifika

диплом

okul forması

школьная форма

eğitim

образование

ansiklopedi

энциклопедия

üniversite

университет

mikroskop

микроскоп

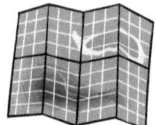

harita

карта

kağıt çöp kutusu

корзина для бумаг

seyahat
путешествие

Grand
otel
гостиница
pansiyon
турбаза
ROOMS
döviz bürosu
пункт обмена валюты
bavul
чемодан
otomobil
автомобиль

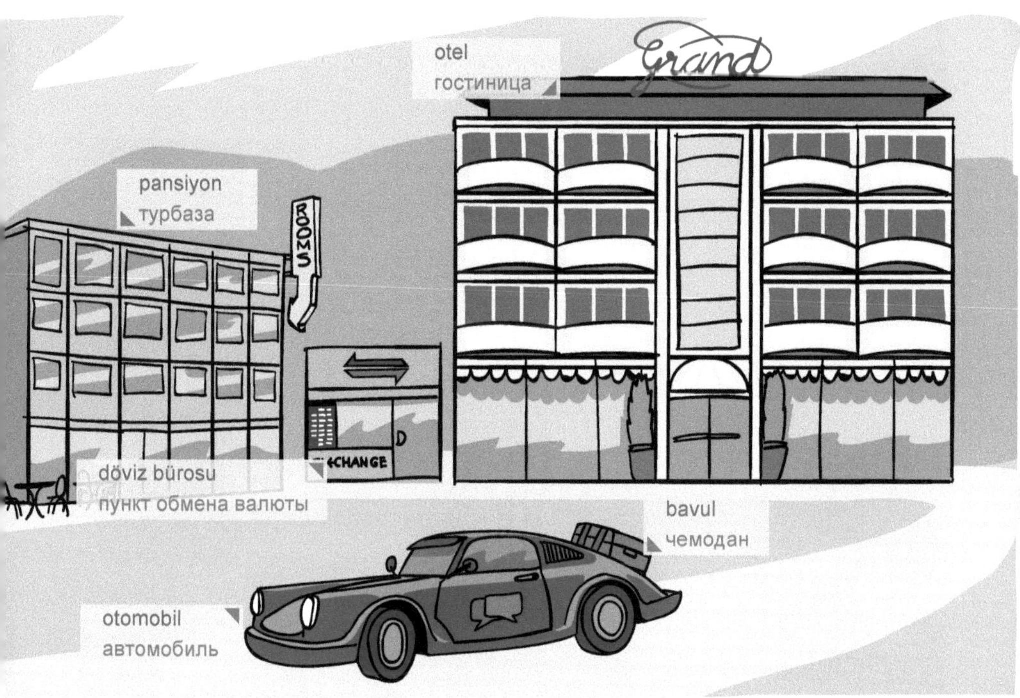

dil

язык

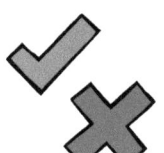

evet / hayır

да / нет

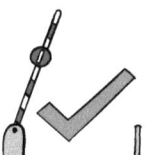

Tamam

хорошо

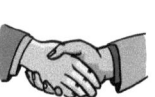

merhaba

Привет

çevirmen

переводчик

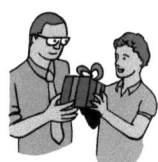

Teşekkür ederim

Спасибо

bu ... ne kadar?

Сколько стоит...?

anlamadım

Я не понимаю

problem

проблема

İyi akşamlar!

Добрый вечер!

Günaydın!

Доброе утро!

İyi geceler!

Добpoй ночи!

güle güle

До свидания

yön

направление

bagaj

багаж

çanta

сумка

sırt çantası

рюкзак

misafir

гость

oda

комната

uyku tulumu

спальный мешок

çadır

палатка

turist danışma

туристическая
информация

sahil

пляж

kredi kartı

кредитная карточка

kahvaltı

завтрак

öğle yemeği

обед

akşam yemeği

ужин

Bilet

билет

asansör

лифт

pul

почтовая марка

sınır

граница

gümrük

таможня

elçilik

посольство

vize

виза

pasaport

паспорт

ulaşım

транспорт

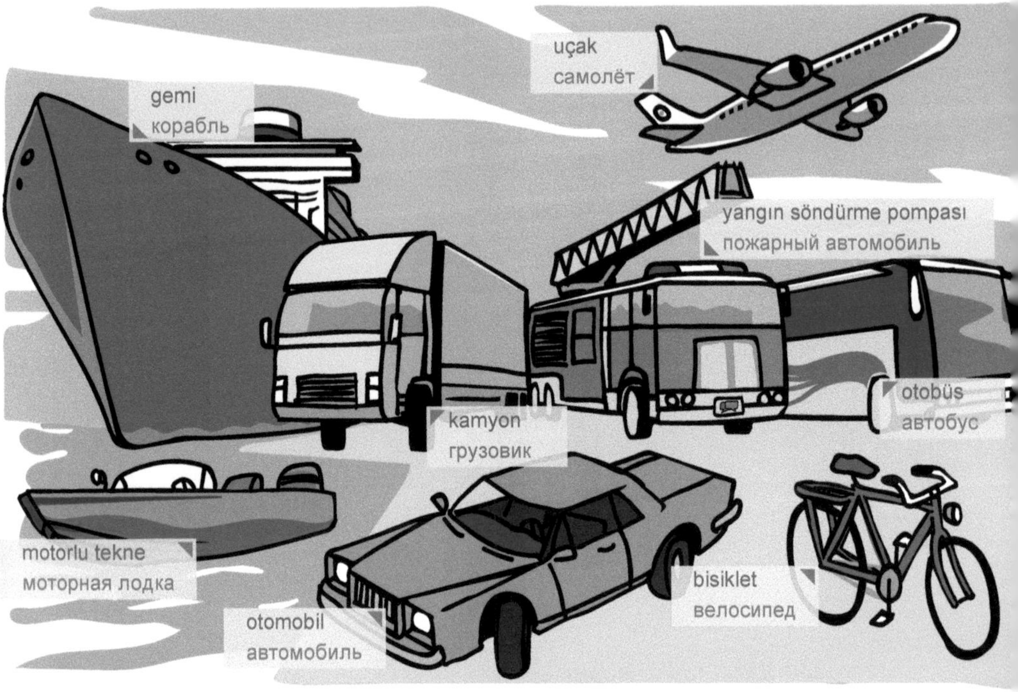
uçak
самолёт
gemi
корабль
yangın söndürme pompası
пожарный автомобиль
otobüs
автобус
kamyon
грузовик
motorlu tekne
моторная лодка
bisiklet
велосипед
otomobil
автомобиль

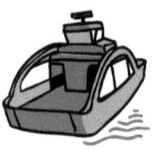

feribot

паром

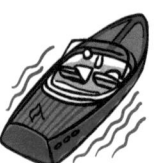

bot

лодка

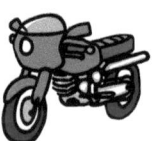

motosiklet

мотоцикл

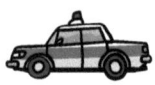

polis arabası

полицейский автомобиль

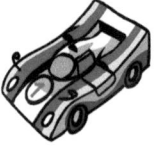

yarış arabası

гоночный автомобиль

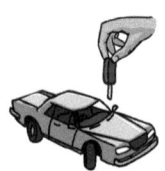

kiralık araba

арендованный автомобиль

ortak araba

совместное пользование
автомобилями

çokici

буксировочный
автомобиль

çöp kamyonu

мусоровоз

motor

двигатель

yakıt

топливо

benzinlik

заправка

trafik işareti

дорожный знак

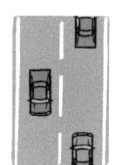

trafik

движение

trafik sıkışıklığı

пробка

otopark

автостоянка

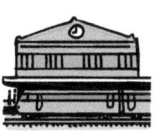

tren istasyonu

вокзал

ray

рельсы

tren

поезд

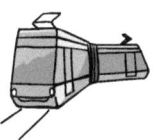

tramvay

трамвай

vagon

вагон

helikopter

вертолёт

havaalanı

аэропорт

kule

вышка

yolcu

пассажир

konteyner

контейнер

koli

коробка

yük arabası

тележка

sepet

корзина

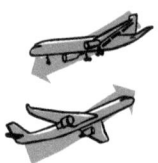

kalkış / iniş

взлетать / приземляться

şehir

город

köy

деревня

şehir merkezi

центр города

ev

дом

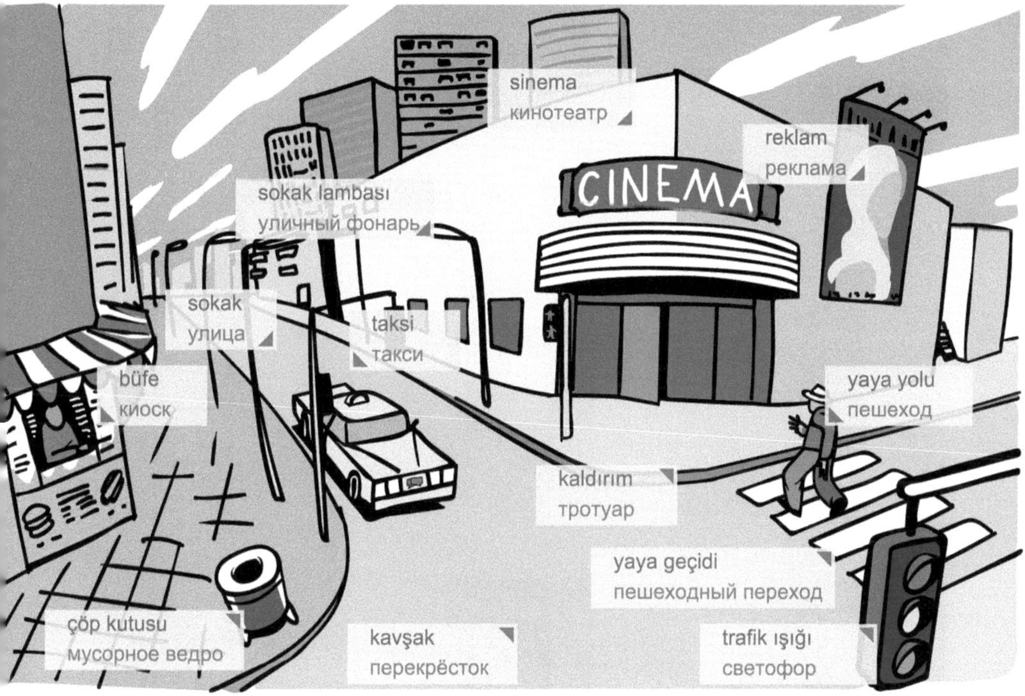

sinema
кинотеатр
reklam
реклама
CINEMA
sokak lambası
уличный фонарь
sokak
улица
taksi
такси
büfe
киоск
yaya yolu
пешеход
kaldırım
тротуар
yaya geçidi
пешеходный переход
çöp kutusu
мусорное ведро
kavşak
перекрёсток
trafik ışığı
светофор

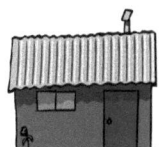

kulübe

хижина

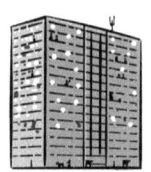

apartman dairesi

квартира

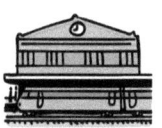

tren istasyonu

вокзал

belediye binası

ратуша

MUSEUM

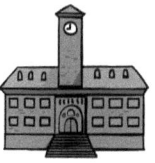

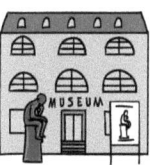

müze

музей

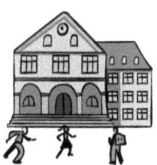

okul

школа

üniversite

университет

banka

банк

hastane

больница

otel

гостиница

eczane

аптека

ofis

офис

kitapçı

книжный магазин

mağaza

магазин

çiçekçi

цветочный магазин

süpermarket

супермаркет

market

рынок

büyük mağaza

универмаг

balık satıcısı

торговец рыбой

alışveriş merkezi

торговый центр

liman

порт

park

парк

bank

скамейка

köprü

мост

merdiven

лестница

metro

метро

tünel

тоннель

otobüs durağı

автобусная остановка

bar

бар

restoran

ресторан

posta kutusu

почтовый ящик

sokak tabelası

табличка с названием улицы

otopark sayacı

паркометр

hayvanat bahçesi

зоопарк

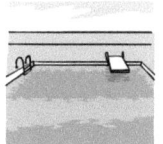

yüzme havuzu

бассейн

cami

мечеть

çiftlik

ферма

kirlilik

загрязнение окружающей среды

mezarlık

кладбище

kilise

церковь

oyun alanı

детская площадка

tapınak

храм

arazi

ландшафт

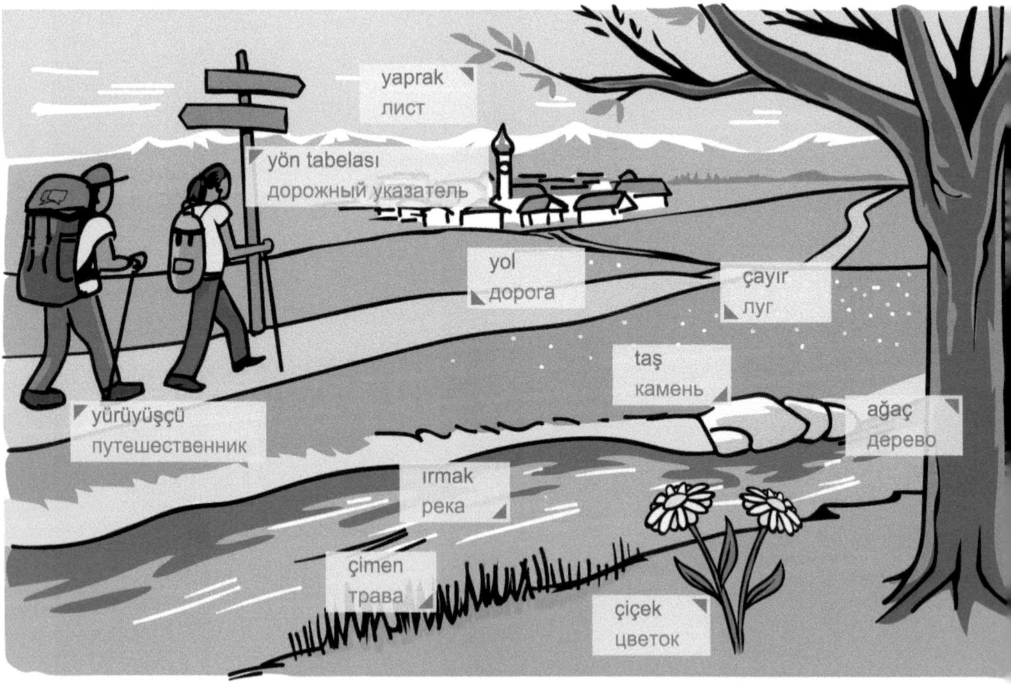

yaprak
лист

yön tabelası
дорожный указатель

yol
дорога

çayır
луг

taş
камень

ağaç
дерево

yürüyüşçü
путешественник

ırmak
река

çimen
трава

çiçek
цветок

vadi
долина

tepe
гора

göl
озеро

orman
лес

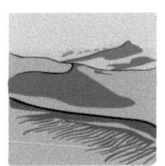

çöl
пустыня

volkan
вулкан

kale
замок

gökkuşağı
радуга

mantar
гриб

palmiye
пальма

sivrisinek
комар

sinek
муха

karınca
муравей

arı
пчела

örümcek
паук

böcek

жук

kurbağa

лягушка

sincap

белка

kirpi

еж

yabani tavşan

заяц

baykuş

сова

kuş

птица

kuğu

лебедь

yaban domuzu

кабан

geyik

олень

geyik

лось

baraj

плотина

rüzgar türbini

ветряной генератор

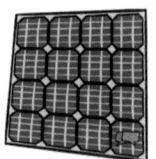

güneş paneli

солнечная батарея

iklim

климат

arazi - ландшафт

restoran
ресторан

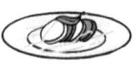

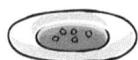

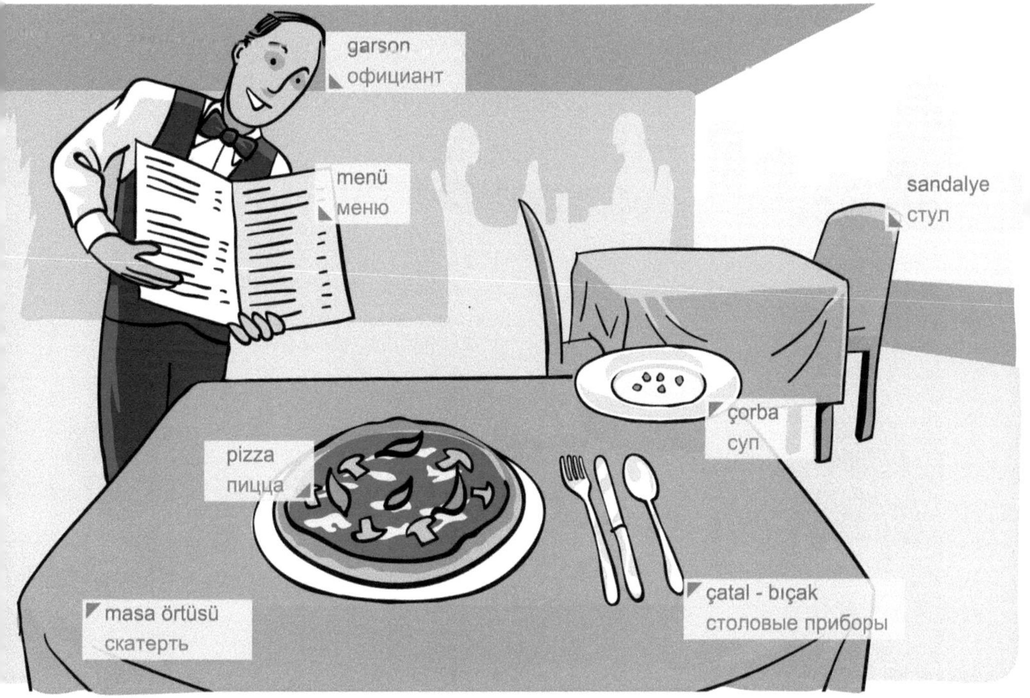
garson
официант
menü
меню
sandalye
стул
çorba
суп
pizza
пицца
çatal - bıçak
столовые приборы
masa örtüsü
скатерть

başlangıç

закуска

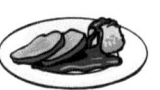

ana yemek

главное блюдо

tatlı

десерт

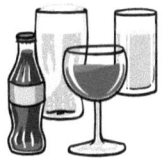

içecekler

напитки

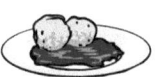

yemek

еда

şişe

бутылка

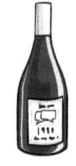

fastfood

фастфуд

sokak yemeği

уличная еда

çaydanlık

чайник

şekerlik

сахарница

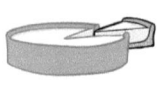

porsiyon

порция

espresso makinesi

кофеварка

mama sandalyesi

детский стульчик

fatura

счет

tepsi

поднос

bıçak

нож

çatal

вилка

kaşık

ложка

çay kaşığı

чайная ложка

servis peçetesi

салфетка

bardak

стакан

restoran - ресторан

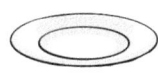

tabak
тарелка

çorba kasesi
суповая тарелка

fincan altlığı
блюдце

sos
соус

tuzluk
солонка

karabiber değirmeni
мельница для перца

sirke
уксус

yağ
масло

baharat
специи

ketçap
кетчуп

hardal
горчица

mayonez
майонез

süpermarket
супермаркет

özel teklif
специальное предложение
FOR
müşteri
покупатель
süt ürünleri
молочные продукты
meyve
фрукты
alışveriş arabası
тележка для покупок

BUTCHERS

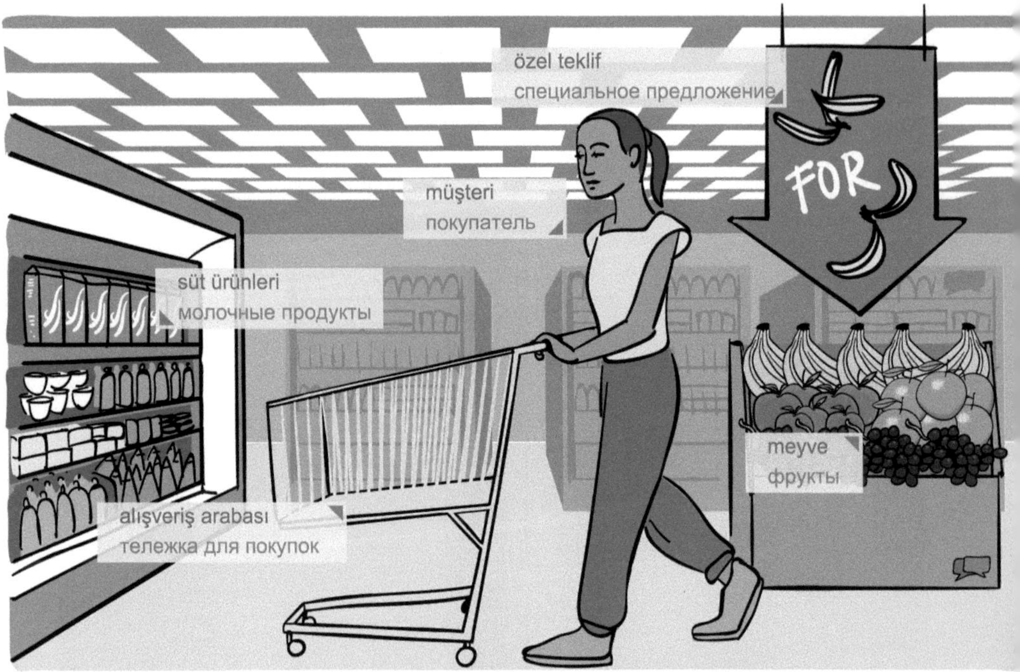

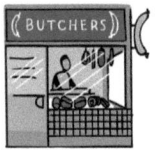

kasap

мясной магазин

BAKERY

fırın

пекарня

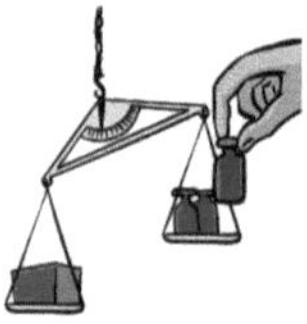

tartmak

взвешивать

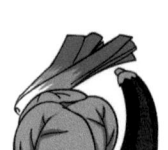

sebze

овощи

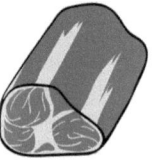

et

мясо

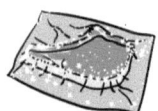

donmuş gıda

быстрозамороженные продукты

söğüş et

нарезка

konserve yiyecek

консервы

toz deterjan

стиральный порошок

şekerlemeler

сладости

ev temizlik ürünleri

предмет домашнего обихода

temizlik ürünleri

моющее средство

satış görevlisi

продавщица

yazar kasa

касса

kasiyer

кассир

alışveriş listesi

список покупок

açılış saatleri

время работы

cüzdan

бумажник

kredi kartı

кредитная карточка

çanta

сумка

plastik poşet

полиэтиленовый пакет

su
вода

meyve suyu
сок

süt
молоко

kola
кока-кола

şarap
вино

bira
пиво

alkol
алкоголь

kakao
какао

çay
чай

kahve
кофе

espresso
эспрессо

kapuçino
капучино

muz

банан

elma

яблоко

portakal

апельсин

kavun

арбуз

limon

лимон

havuç

морковь

sarımsak

чеснок

bambu

бамбук

soğan

лук

mantar

гриб

çerez

орехи

makarna

лапша

spagetti

спагетти

pirinç

рис

salata

салат

cips

картофель фри

patates kızartması

жареный картофель

pizza

пицца

hamburger

гамбургер

sandviç

сэндвич

şinitzel

шницель

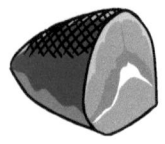

pastırma

ветчина

salam

салями

sosis

колбаса

tavuk

курица

rosto

жаркое

balık

рыба

yulaf ezmesi

овсяные хлопья

müsli

мюсли

mısır gevreği

кукурузные хлопья

un

мука

kruvasan

круассан

küçük ekmek

булочка

ekmek

хлеб

tost

тост

bisküvi

печенье

tereyağı

масло

kaymak

творог

kek

пирог

yumurta

яйцо

sahanda yumurta

яичница

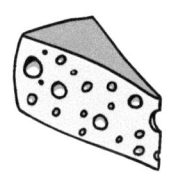

peynir

сыр

dondurma

мороженое

şeker

сахар

bal

мёд

reçel

мармелад

fındık ezmesi

крем с нугой

köri

карри

çiftlik
ферма

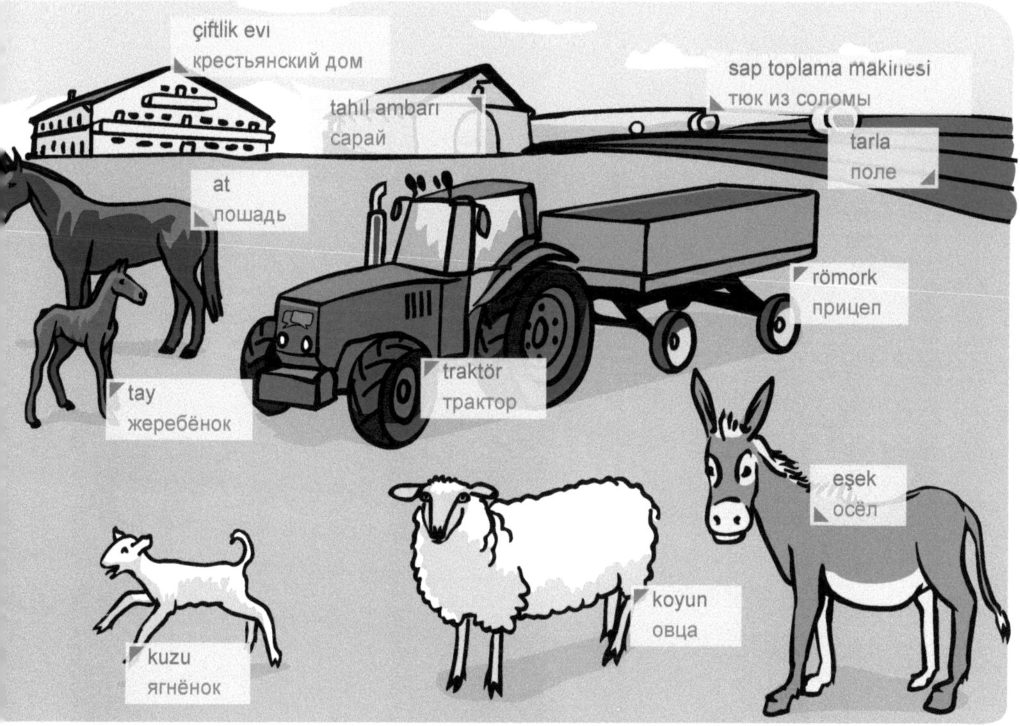
çiftlik evi
крестьянский дом
tahıl ambarı
сарай
sap toplama makinesi
тюк из соломы
tarla
поле
at
пошадь
römork
прицеп
traktör
трактор
tay
жеребёнок
eşek
осёл
koyun
овца
kuzu
ягнёнок

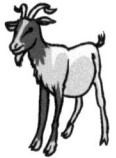

keçi

коза

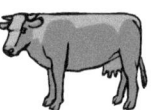

inek

корова

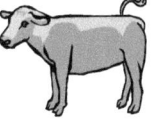

buzağı

телёнок

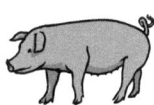

domuz

свинья

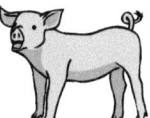

domuz yavrusu

поросёнок

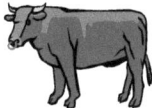

boğa

бык

kaz

гусь

ördek

утка

civciv

цыплёнок

tavuk

курица

horoz

петух

sıçan

крыса

kedi

кошка

fare

мышь

öküz

вол

köpek

собака

köpek kulübesi

конура

bahçe hortumu

садовый шланг

sulama kabı

лейка

tırpan

коса

pulluk

плуг

orak

серп

çapa

мотыга

dirgen

навозные вилы

balta

топор

el arabası

тачка

yemlik

корыто

süt kovası

бидон для молока

çuval

мешок

çit

забор

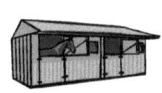

ahır

хлев

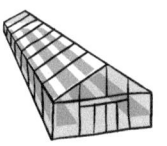

sera

теплица

toprak

почва

tohum

посев

gübre

удобрение

biçerdöver

комбайн

hasat etmek

собирать урожай

harman

урожай

tatlı patates

ямс

buğday

пшеница

soya

соя

patates

картофель

mısır

кукуруза

kolza

рапс

meyve ağacı

фруктовое дерево

manyok

маниок

hububat

злаки

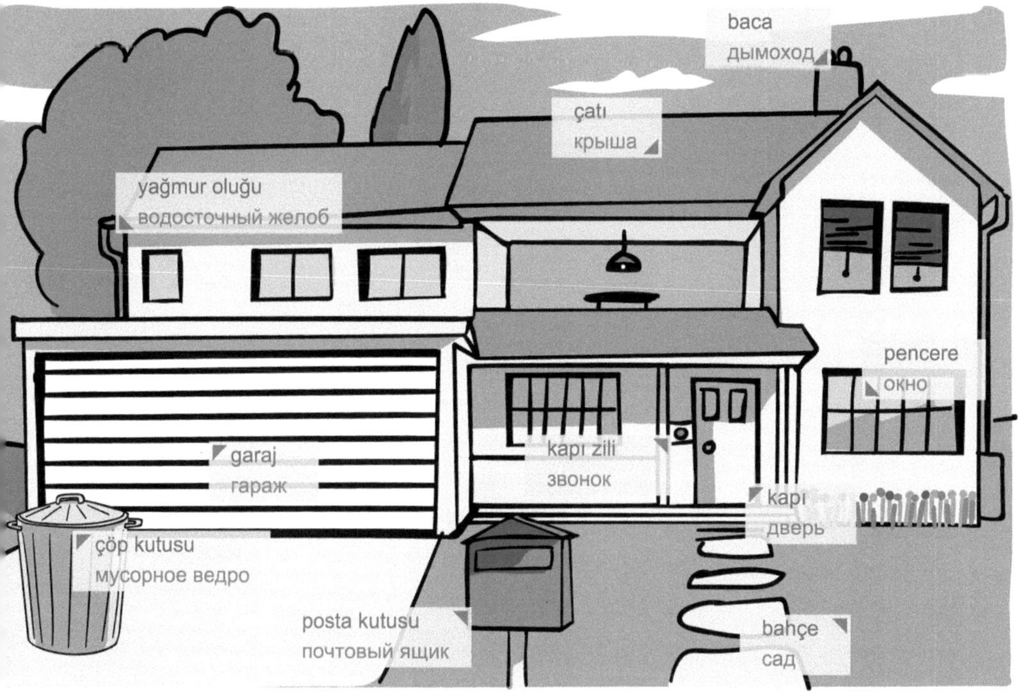

baca
дымоход

çatı
крыша

yağmur oluğu
водосточный желоб

pencere
окно

garaj
гараж

kapı zili
звонок

kapı
дверь

çöp kutusu
мусорное ведро

posta kutusu
почтовый ящик

bahçe
сад

oturma odası
гостиная

banyo
ванная комната

mutfak
кухня

yatak odası
спальня

çocuk odası
детская комната

yemek odası
столовая

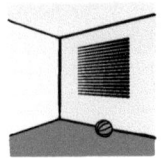

zemin

пол

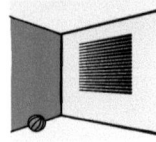

duvar

стена

tavan

потолок

kiler

подвал

sauna

сауна

balkon

балкон

teras

терраса

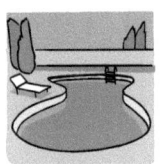

havuz

бассейн

çim biçme makinesi

газонокосилка

çarşaf

пододеяльник

yatak örtüsü

покрывало

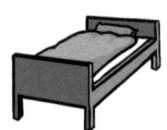

yatak

кровать

süpürge

метла

kova

ведро

anahtar

выключатель

oturma odası

гостиная

duvar kağıdı
обои
resim
рисунок
lamba
лампа
raf
полка
dolap
шкаф
televizyon
телевизор
şömine
камин
çiçek
цветок
minder
подушка
kanepe
диван
vazo
ваза
uzaktan kumanda
пульт дистанционного управления

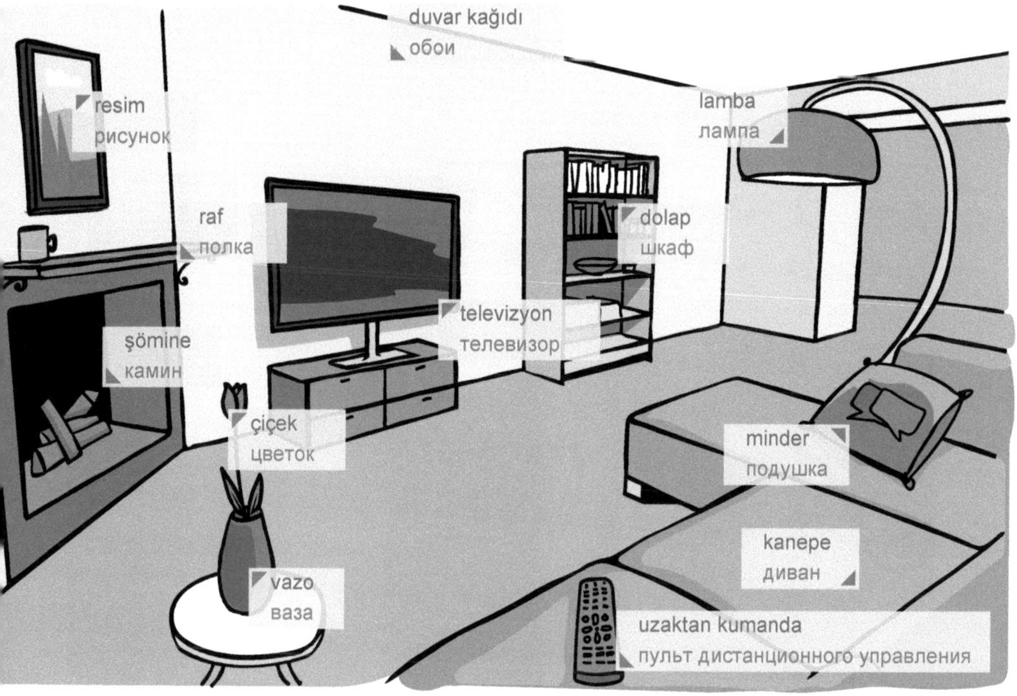

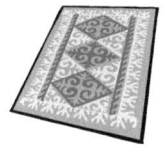

halı

ковёр

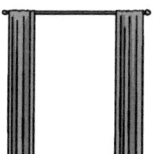

perde

штора

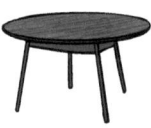

masa

стол

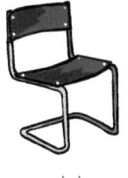

sandalye

стул

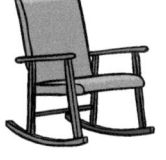

salıncaklı koltuk

кресло-качалка

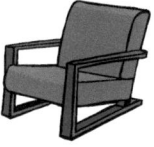

koltuk

кресло

kitap

книга

battaniye

покрывало

dekor

украшение

odun

дрова

film

фильм

hi-fi

стереосистема

anahtar

ключ

gazete

газета

tablo

картина

poster

плакат

radyo

радио

defter

блокнот

elektrikli süpürge

пылесос

kaktüs

кактус

mum

свеча

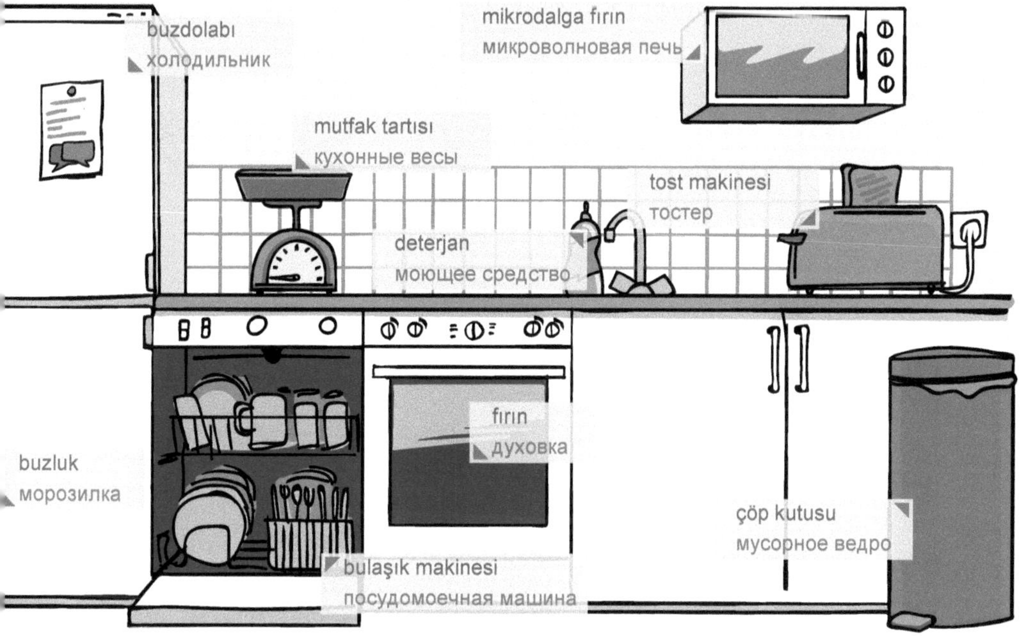

buzdolabı
холодильник

mikrodalga fırın
микроволновая печь

mutfak tartısı
кухонные весы

tost makinesi
тостер

deterjan
моющее средство

fırın
духовка

buzluk
морозилка

çöp kutusu
мусорное ведро

bulaşık makinesi
посудомоечная машина

ocak

плита

tencere

кастрюля

döküm tencere

чугунный котелок

wok

вок / кадай

tava

сковорода

su ısıtıcı

чайник

buharlı pişirici

пароварка

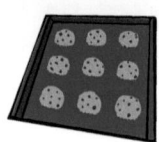

pişirme tepsisi

противень

tabak takımı

посуда

kupa

кружка

kase

миска

çubuk (çin yemeği)

палочки для еды

kepçe

половник

spatula

лопатка

çırpma teli

сбивалка

süzgeç

сито

elek

сито

rende

тёрка

havan

ступка

barbekü

гриль

açık ateş

костёр

kesme tahtası

доска

merdane

скалка

tirbüşon

штопор

konserve kutusu

жестяная банка

konserve açacağı

консервный нож

fırın eldiveni

прихватка

evye

раковина

fırça

щетка

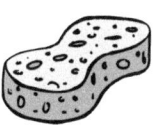

sünger

губка

blender

миксер

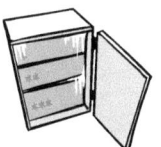

derin dondurucu

морозильная камера

biberon

бутылочка для кормления

musluk

кран

banyo

ванная комната

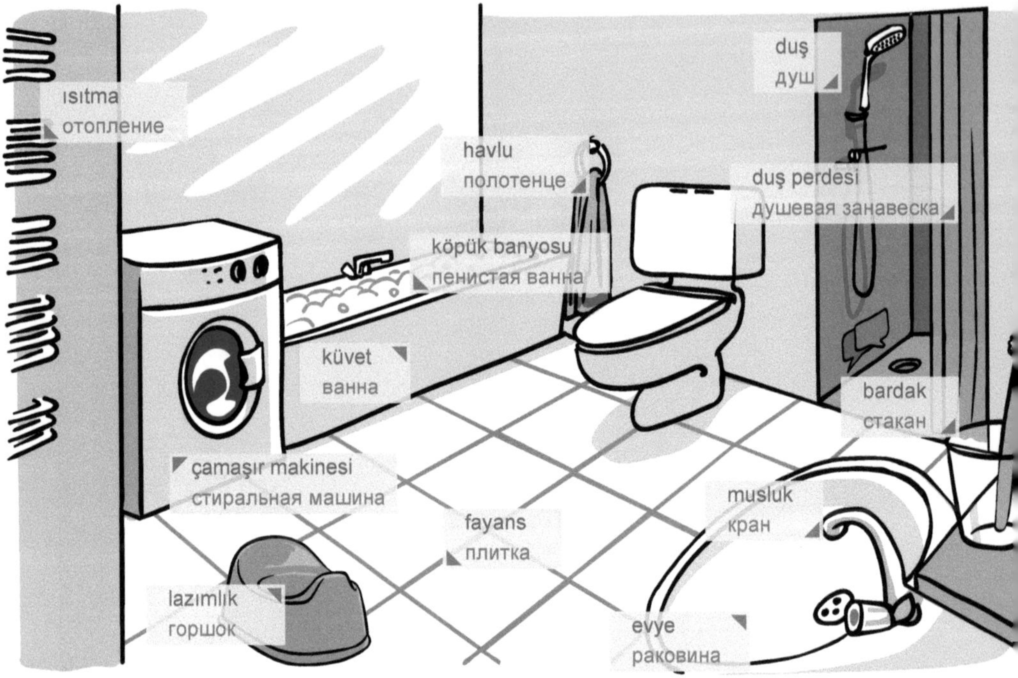

ısıtma
отопление
havlu
полотенце
duş
душ
duş perdesi
душевая занавеска
köpük banyosu
пенистая ванна
küvet
ванна
çamaşır makinesi
стиральная машина
fayans
плитка
lazımlık
горшок
musluk
кран
bardak
стакан
evye
раковина

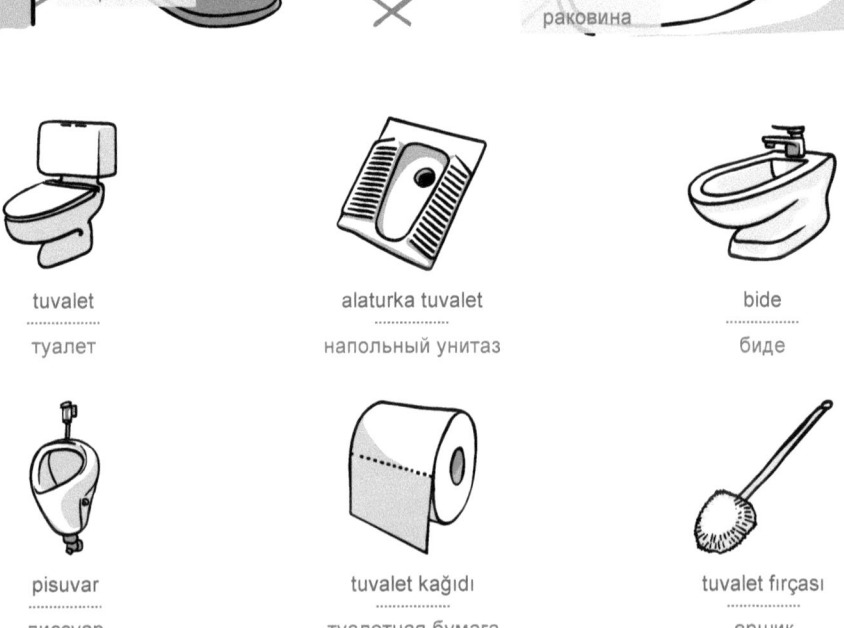

tuvalet

туалет

alaturka tuvalet

напольный унитаз

bide

биде

pisuvar

писсуар

tuvalet kağıdı

туалетная бумага

tuvalet fırçası

ершик

diş fırçası

зубная щетка

diş macunu

зубная паста

diş ipi

зубная нить

yıkamak

мыть

duş başlığı

ручной душ

duş başlığı şeklinde taharet musluğu

интимный душ

küvet

таз

banyo fırçası

щетка для спины

sabun

мыло

duş jeli

гель для душа

şampuan

шампунь

banyo lifi

мочалка

gider

сток

krem

крем

deodorant

дезодорант

ayna

зеркало

el aynası

ручное зеркало

jilet

бритва

tıraş köpüğü

пена для бритья

tıraş losyonu

лосьон после бритья

tarak

расческа

fırça

щетка

saç kurutma makinesi

фен

saç spreyi

лак для волос

makyaj

косметика

ruj

губная помада

tırnak cilası

лак для ногтей

pamuk

вата

tırnak makası

маникюрные ножницы

parfüm

духи

makyaj çantası

косметичка

tabure

табуретка

tartı

весы

bornoz

халат

lastik eldiven

резиновые перчатки

tampon

тампон

kadın pedi

гигиеническая прокладка

kimyevi tuvalet

биотуалет

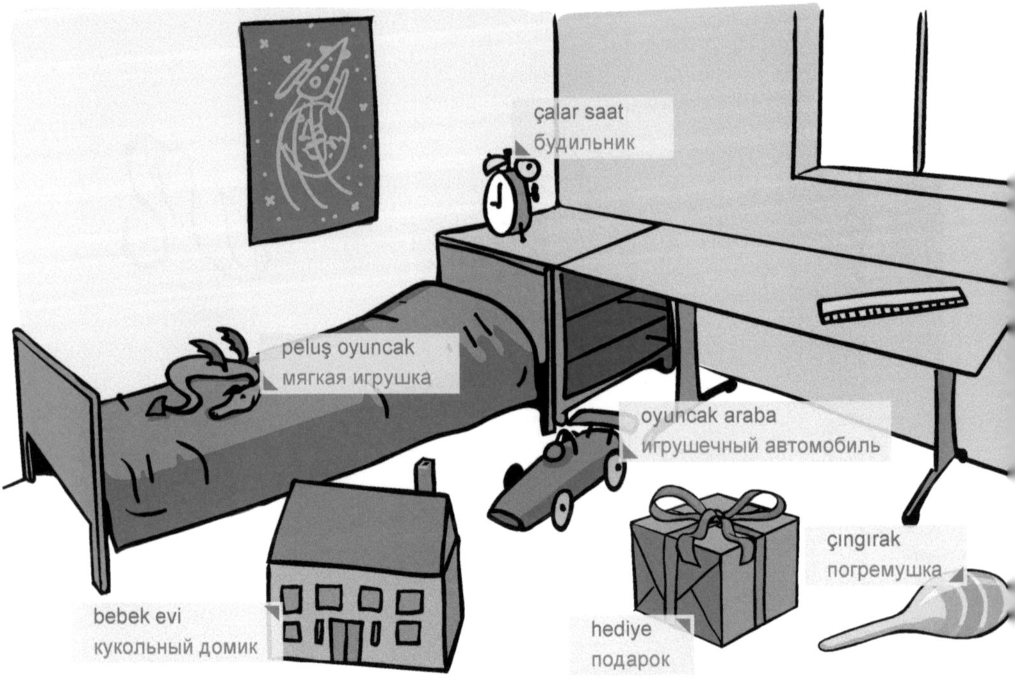

çalar saat
будильник

peluş oyuncak
мягкая игрушка

oyuncak araba
игрушечный автомобиль

çıngırak
погремушка

bebek evi
кукольный домик

hediye
подарок

balon

воздушный шар

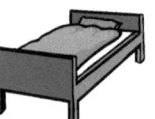

yatak

кровать

bebek arabası

детская коляска

kart destesi

карточная игра

yapboz

пазл

çizgi roman

комикс

lego tuğlaları

кирпичики Лего

lego blokları

кубики

aksiyon figürü

игрушечная фигурка

zıbın

ползунки

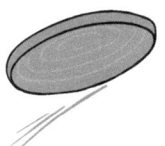

frizbi

фрисби

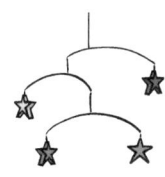

dönence

мобиле

masa oyunu

настольная игра

zar

кубик

model tren seti

модель железной дороги

emzik

соска

parti

вечеринка

resimli kitap

книга с картинками

top

мяч

oyuncak bebek

кукла

oynamak

играть

kum havuzu

песочница

salıncak

качели

oyuncaklar

игрушка

video oyun konsolu

игровая приставка

üç tekerlekli bisiklet

трёхколесный велосипед

oyuncak ayı

плюшевый медвежонок

gardırop

шкаф для одежды

kıyafet

одежда

çorap

носки

külotlu çorap

чулки

tayt

колготки

eşarp
шарф

kemer
ремень

şemsiye
зонтик

tişört
футболка

bot
сапоги

spor ayakkabı
кроссовки

terlik
тапки

sandalet
сандалии

ayakkabı
ботинки

lastik çizme
резиновые сапоги

külot
трусы

sütyen
бюстгальтер

yelek
майка

kıyafet - одежда

dar bluz

боди

pantolon

брюки

kot pantolon

джинсы

etek

юбка

bluz

блузка

gömlek

рубашка

kazak

свитер

süveter

свитер

blazer

спортивная куртка

ceket

жакет

mont

пальто

yağmurluk

плащ

kostüm

костюм

elbise

платье

gelinlik

свадебное платье

takım elbise

мужской костюм

gecelik

ночная сорочка

pijama

пижама

sari

сари

baş örtüsü

платок

türban

тюрбан

burka

паранджа

kaftan

кафтан

çarşaf

абайя

mayo

купальник

erkek mayosu

плавки

şort

шорты

eşofman

спортивный костюм

önlük

фартук

eldiven

перчатки

düğme

пуговица

gözlük

очки

bilezik

браслет

kolye

цепочка

yüzük

кольцо

küpe

серьга

kep

шапка

portmanto

вешалка

şapka

шляпа

kravat

галстук

fermuar

застежка молния

kask

шлем

pantolon askısı

подтяжки

okul forması

школьная форма

üniforma

форма

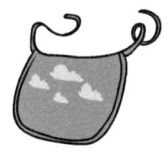

mama önlüğü

детский нагрудник

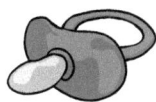

emzik

соска

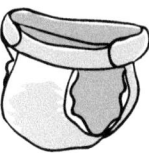

bebek bezi

подгузник

ofis

офис

sunucu
сервер
dosya dolabı
канцелярский шкаф
yazıcı
принтер
kağıt
бумага
monitör
монитор
fare
мышь
masa
письменный стол
klasör
папка
klavye
клавиатура
kağıt çöp kutusu
корзина для бумаг
bilgisayar
компьютер
sandalye
стул

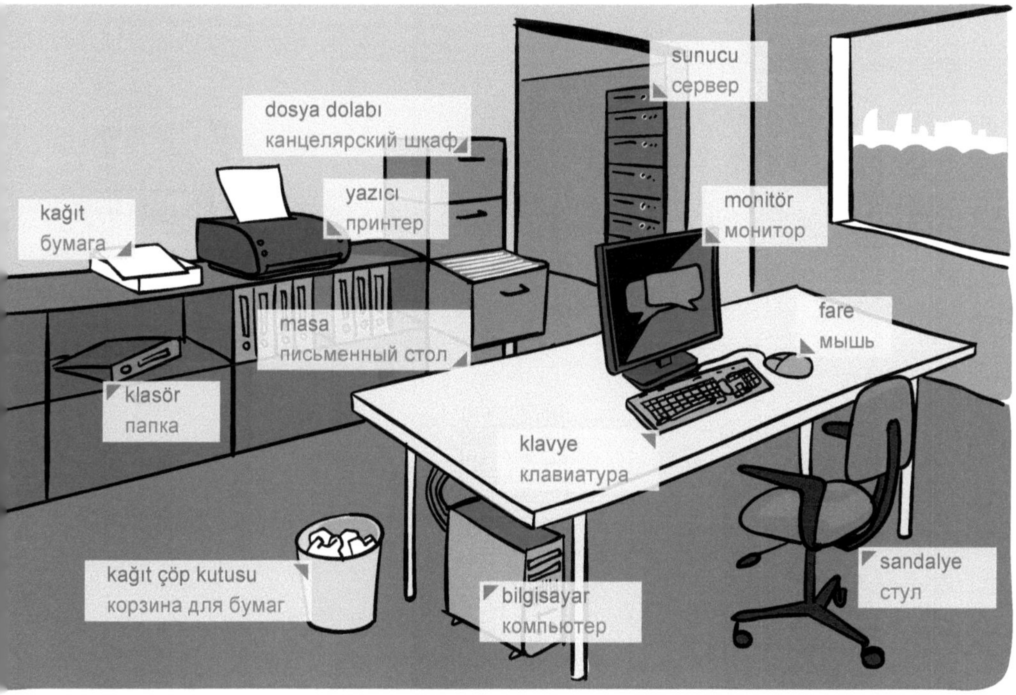

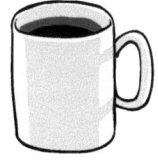

kahve fincanı

кофейная кружка

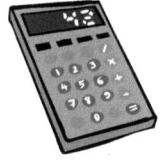

hesap makinesi

калькулятор

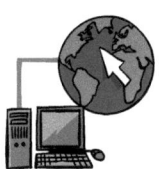

internet

интернет

dizüstü

ноутбук

mektup

письмо

mesaj

сообщение

cep telefonu

мобильный телефон

ağ

сеть

fotokopi makinesi

ксерокс

yazılım

программа

telefon

телефон

priz

розетка

faks makinesi

факс

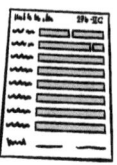

form

формуляр

belge

документ

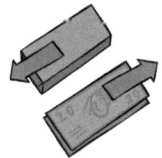

satın almak

покупать

ödemek

платить

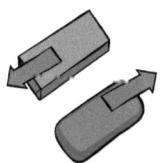

ticaret yapmak

торговать

para

деньги

dolar

доллар

avro

евро

yen

иена

ruble

рубль

İsviçre frangı

франк

Çin yuanı

жэньминьби юань

rupi

рупия

kasa

банкомат

döviz bürosu

пункт обмена валюты

altın

золото

gümüş

серебро

petrol

нефть

enerji

энергия

fiyat

цена

kontrat

договор

vergi

налог

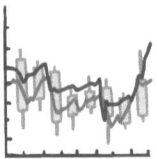

menkul değer

акция

çalışmak

работать

işveren

служащий

işçi

работодатель

fabrika

фабрика

mağaza

магазин

ekonomi - экономика

meslekler

профессии

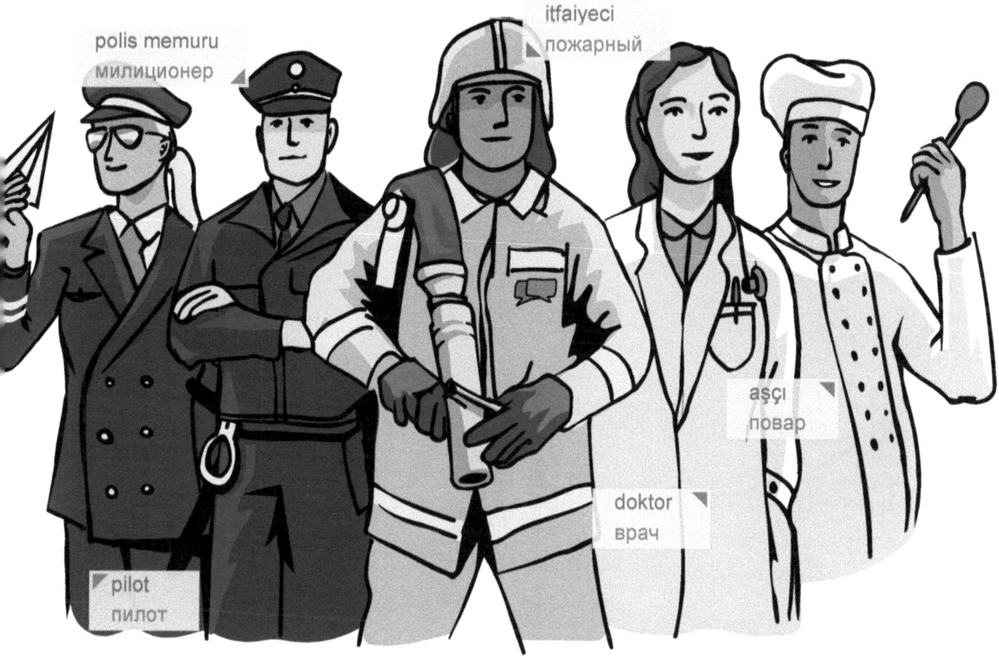
itfaiyeci
пожарный
polis memuru
милиционер
aşçı
повар
doktor
врач
pilot
пилот

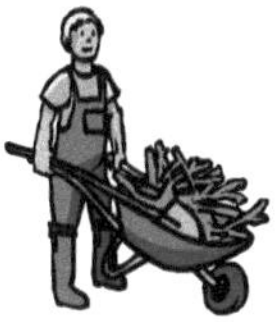

bahçıvan

садовник

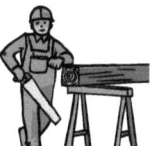

marangoz

столяр

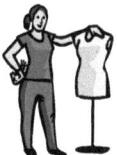

terzi

швея

hakim

судья

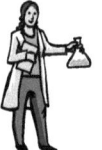

kimyager

химик

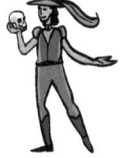

aktör

актёр

otobüs şoförü

водитель автобуса

taksi şoförü

таксист

balıkçı

рыбак

temizlikçi

уборщица

çatı ustası

кровельщик

garson

официант

avcı

охотник

boyacı

художник

fırıncı

пекарь

elektrikçi

электрик

inşaatçı

строитель

mühendis

инженер

kasap

мясник

muslukçu

сантехник

postacı

почтальон

asker

солдат

mimar

архитектор

kasiyer

кассир

çiçekçi

флорист

kuaför

парикмахер

kondüktör

кондуктор

tamirci

механик

kaptan

капитан

dişçi

зубной врач

bilim insanı

ученый

haham

раввин

imam

имам

keşiş

монах

rahip

священник

aletler

инструменты

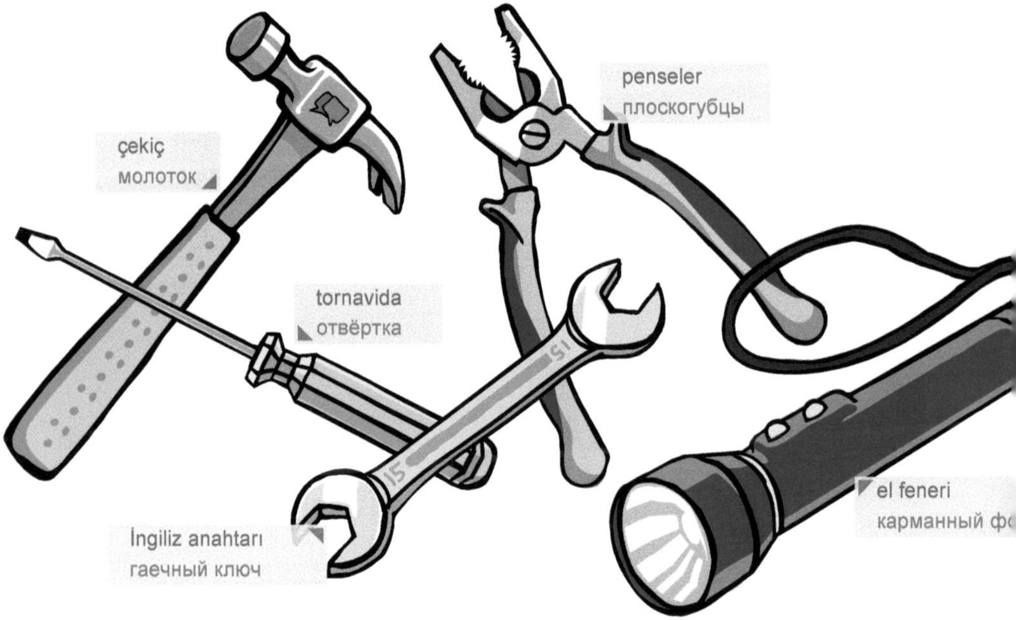
çekiç
молоток
penseler
плоскогубцы
tornavida
отвёртка
İngiliz anahtarı
гаечный ключ
el feneri
карманный ф

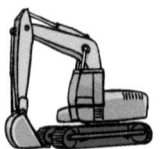

kazı makinesi

экскаватор

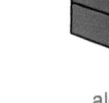

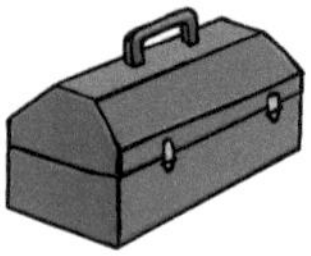

alet çantası

ящик для инструментов

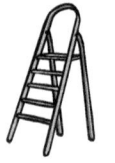

merdiven

стремянка

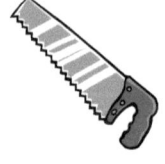

testere

пила

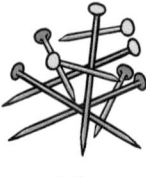

çiviler

гвозди

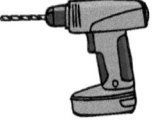

matkap

дрель

tamir etmek

ремонтировать

kürok

лопата

Kahretsin!

Блин!

faraş

совок

boya tenekesi

ведро с краской

vidalar

винты

müzik enstrümanı
музыкальные инструменты

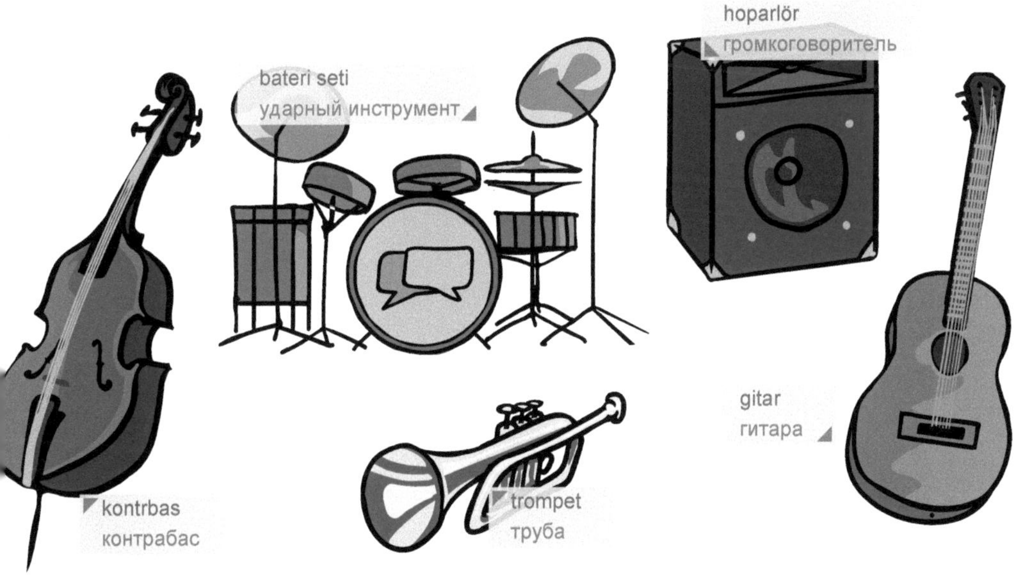

bateri seti
ударный инструмент

hoparlör
громкоговоритель

kontrbas
контрабас

trompet
труба

gitar
гитара

piyano

пианино

keman

скрипка

timpani

литавры

bateri

барабан

klavye

синтезатор

basgitar

бас-гитара

saksafon

саксофон

flüt

флейта

mikrofon

микрофон

hayvanat bahçesi

зоопарк

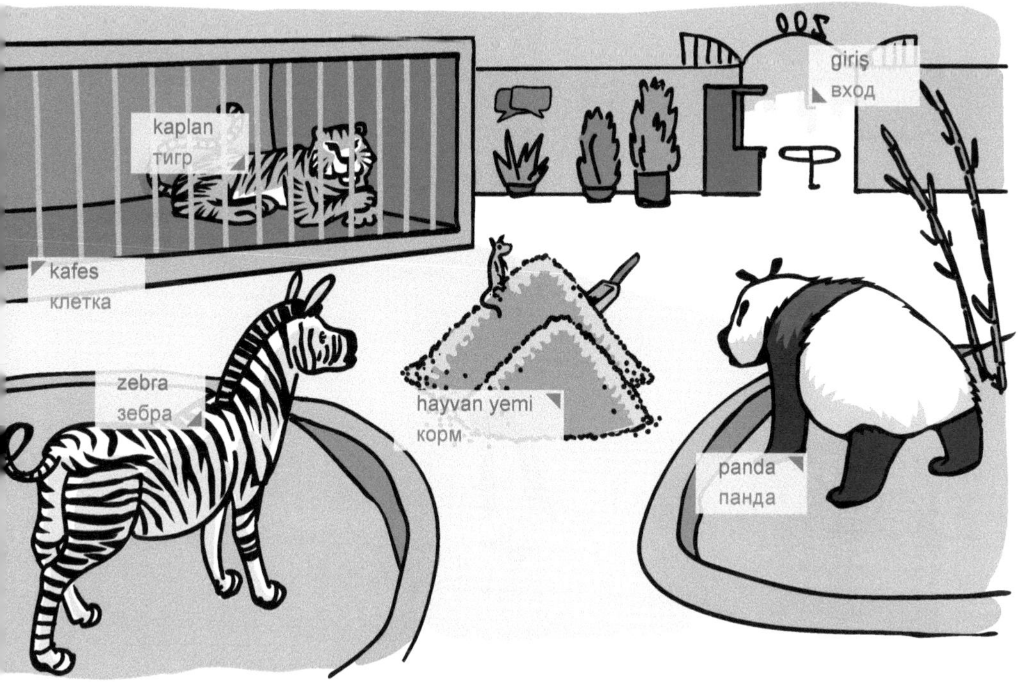

giriş
вход
kaplan
тигр
kafes
клетка
zebra
зебра
hayvan yemi
корм
panda
панда

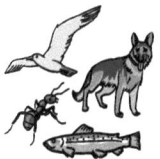

hayvanlar

животные

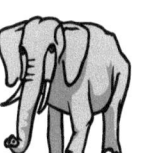

fil

слон

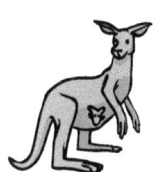

kanguru

кенгуру

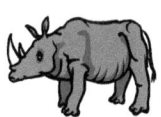

gergedan

носорог

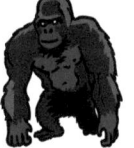

goril

горилла

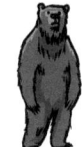

ayı

медведь

deve

верблюд

deve kuşu

страус

aslan

лев

maymun

обезьяна

flamingo

фламинго

papağan

попугай

kutup ayısı

белый медведь

penguen

пингвин

köpek balığı

акула

tavus kuşu

павлин

yılan

змея

timsah

крокодил

hayvanat bahçesi görevlisi

служитель зоопарка

fok

тюлень

jaguar

ягуар

midilli atı

пони

loopar

леопард

su aygırı

бегемот

zürafa

жираф

kartal

орёл

yaban domuzu

кабан

balık

рыба

kaplumbağa

черепаха

mors

морж

tilki

лиса

ceylan

газель

amerikan futbolu
американский футбол

bisiklete binme
езда на велосипеде

tenis
теннис

basketbol
баскетбол

yüzme
плавание

boks
бокс

buz hokeyi
хоккей

futbol
футбол

badminton
бадминтон

atletizm
лёгкая атлетика

hentbol
гандбол

kayak
лыжный спорт

polo
поло

etkinlikler
действия

gülmek
смеяться
atlamak
прыгать
sarılmak
обнимать
yürümek
идти
söylemek
петь
hayal etmek
мечтать
dua etmek
молиться
öpmek
целовать

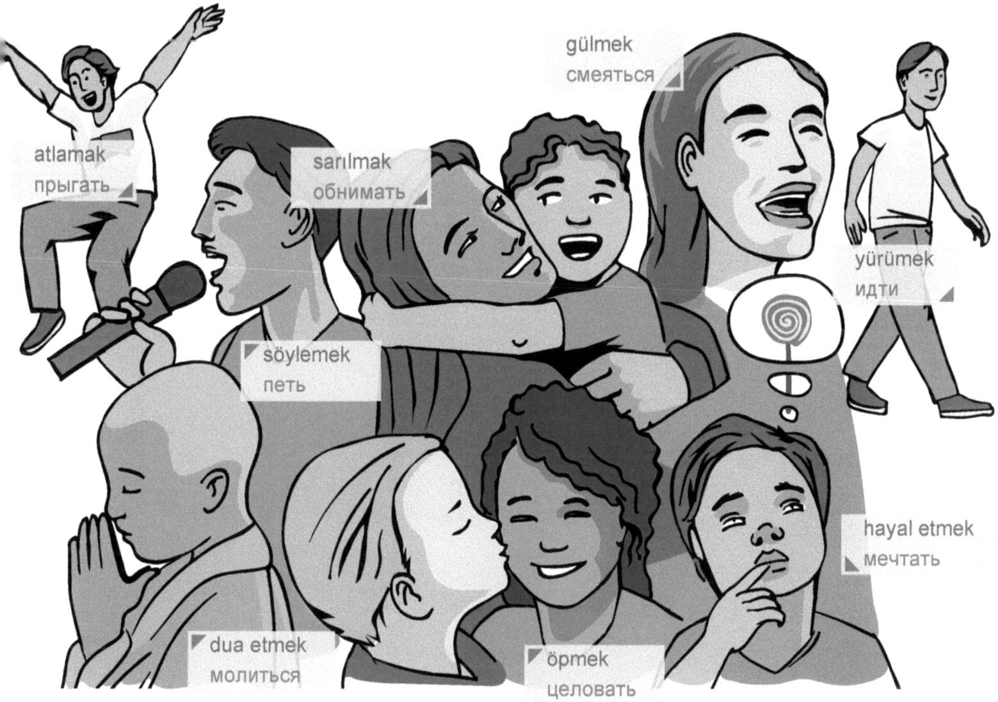

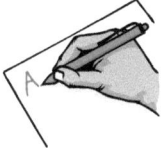

yazmak

писать

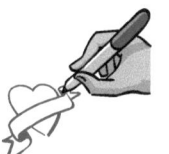

çizmek

рисовать

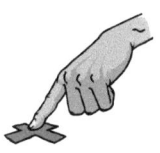

göstermek

показывать

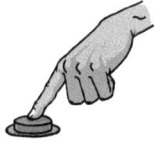

itmek

нажимать

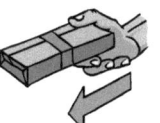

vermek

давать

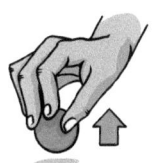

almak

брать

sahip olmak

иметь

yapmak

делать

olmak

быть

ayakta durmak

стоять

koşmak

бежать

çekmek

тянуть

atmak

бросать

düşmek

падать

yalan söylemek

лежать

beklemek

ждать

taşımak

носить

oturmak

сидеть

giyinmek

надевать

uyumak

спать

uyanmak

просыпаться

bakmak

рассматривать

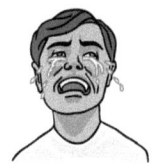

ağlamak

плакать

vurmak

гладить

taramak

причесывать

konuşmak

говорить

anlamak

понимать

sormak

спрашивать

dinlemek

слушать

içmek

пить

yemek

кушать

düzenlemek

наводить порядок

sevmek

любить

pişirmek

готовить

sürmek

ехать

uçmak

летать

denize açılmak

ходить под парусом

hesapla

считать

okumak

читать

öğrenmek

учиться

çalışmak

работать

evlenmek

вступать в брак

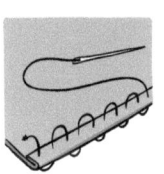

dikmek

шить

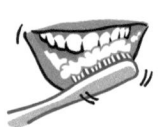

diş fırçalamak

чистить зубы

öldürmek

убивать

sigara içmek

курить

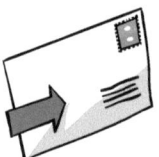

yollamak

отправлять

aile

семья

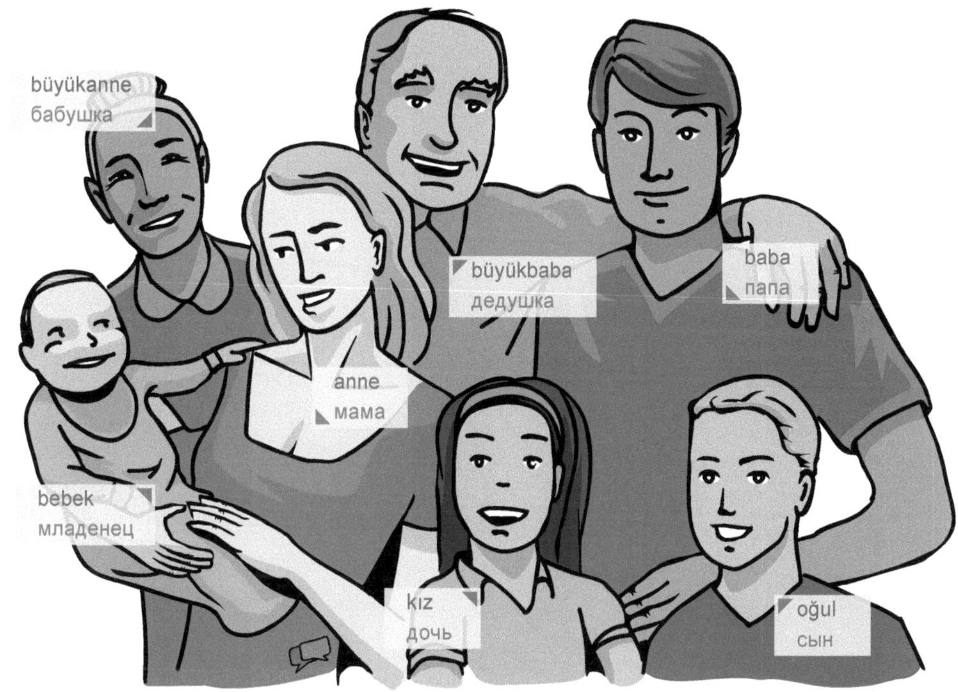

büyükanne
бабушка
büyükbaba
дедушка
baba
папа
anne
мама
bebek
младенец
kız
дочь
oğul
сын

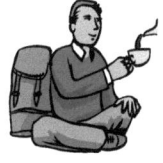

misafir

гость

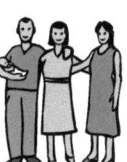

teyze

тетя

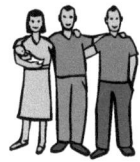

amca

дядя

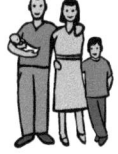

erkek kardeş

брат

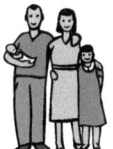

kız kardeş

сестра

vücut

тело

alın
лоб
göz
глаз
omuz
плечо
parmak
палец
yüz
лицо
çene
подбородок
el
кисть
bacak
нога
göğüs
грудь
kol
рука

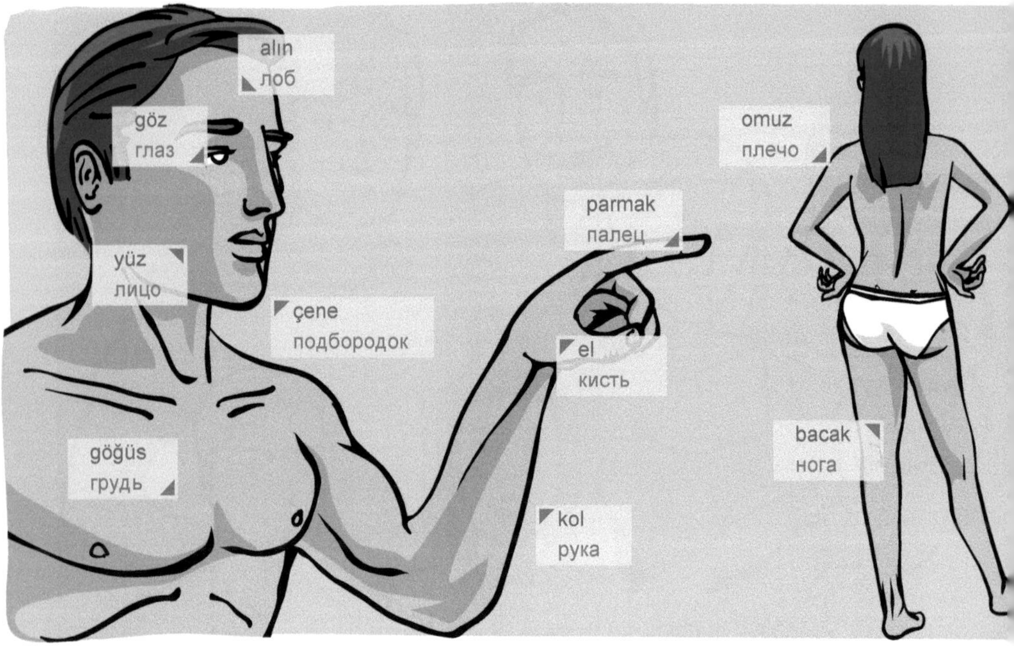

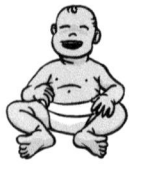

bebek

младенец

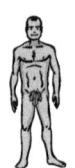

adam

мужчина

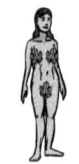

kadın

женщина

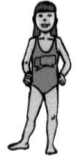

kız

девочка

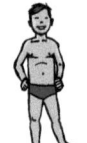

erkek çocuk

мальчик

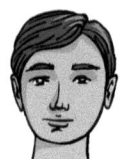

baş

голова

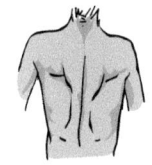

sırt

спина

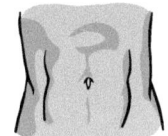

karın

живот

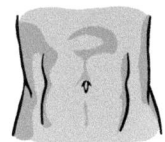

göbek

пупок

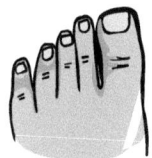

ayak parmağı

палец ноги

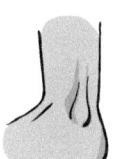

topuk

пятка

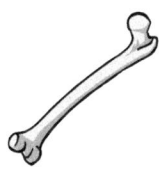

kemik

кость

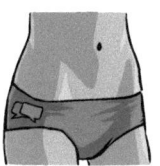

kalça

бедро

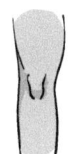

diz

колено

dirsek

локоть

burun

нос

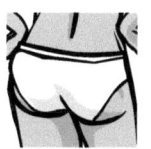

kalça

ягодицы

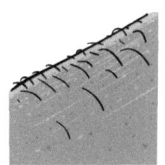

deri

кожа

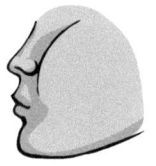

yanak

щека

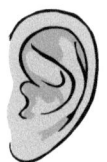

kulak

ухо

dudak

губа

vücut - тело

ağız

рот

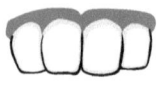

diş

зуб

dil

язык

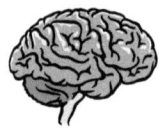

beyin

мозг

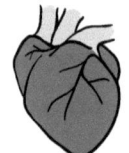

kalp

сердце

kas

мышца

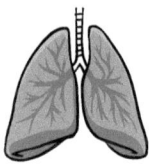

akciğer

лёгкое

karaciğer

печень

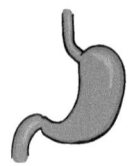

mide

желудок

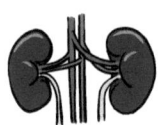

böbrekler

почки

seks

половой акт

prezervatif

презерватив

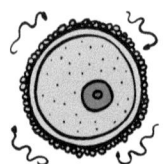

yumurtalık

яйцеклетка

sperm

сперма

hamilelik

беременность

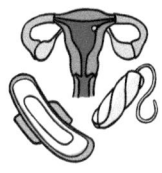

regl

менструация

vajina

вагина

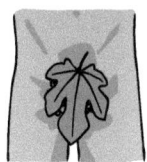

penis

пенис

kaş

бровь

saç

волосы

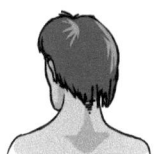

boyun

шея

vücut - тело

hastane
больница

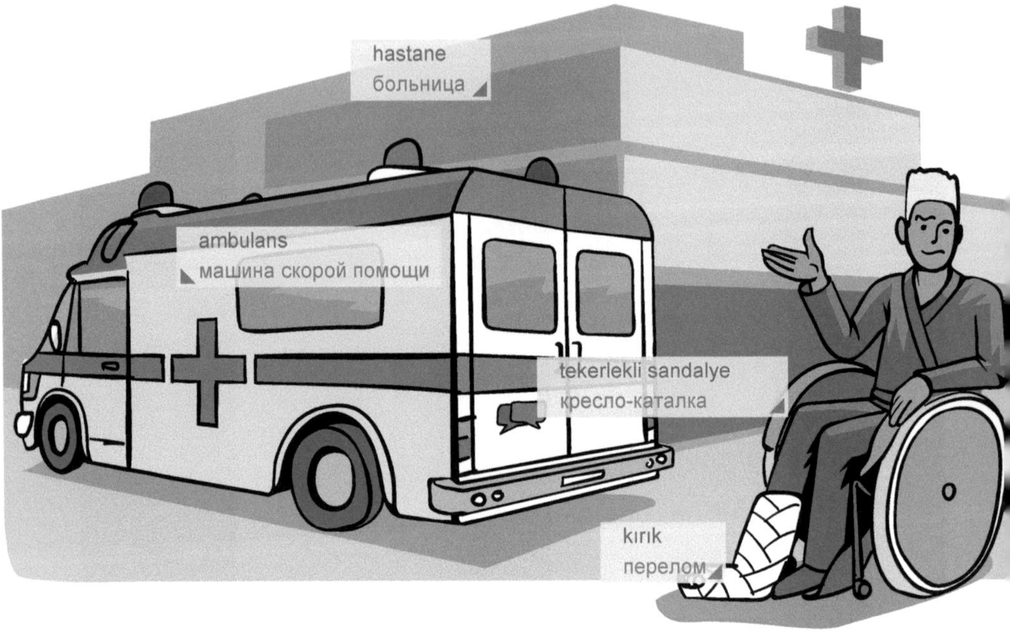

hastane
больница
ambulans
машина скорой помощи
tekerlekli sandalye
кресло-каталка
kırık
перелом

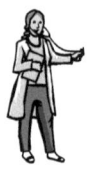

doktor

врач

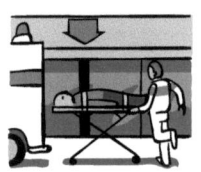

acil servis

пункт первой помощи

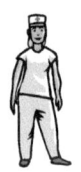

hemşire

медсестра

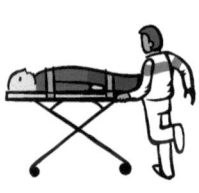

acil

неотложный случай

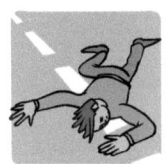

baygın

без сознания

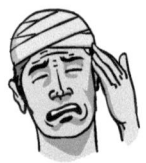

acı

боль

yaralanma

повреждение

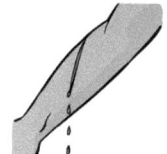

kanama

кровотечение

kalp krizi

инфаркт

felç

инсульт

alerji

аллергия

öksürük

кашель

ateş

овышенная температура

grip

грипп

ishal

понос

baş ağrısı

головная боль

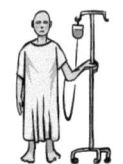

kanser

рак

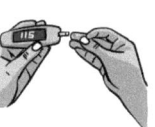

şeker hastalığı

диабет

cerrah

хирург

neşter

скальпель

operasyon

операция

bilgisayarlı tomografi

КТ

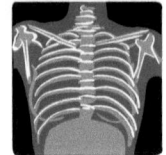

röntgen

рентген

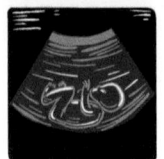

ultrason

ультразвук

yüz maskesi

маска

hastalık

болезнь

bekleme odası

приёмная

koltuk değneği

костыль

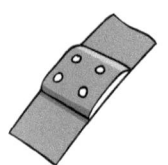

yara bandı

пластырь

bandaj

бинт

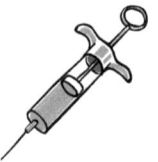

enjeksiyon

укол

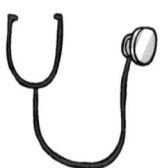

steteskop

стетоскоп

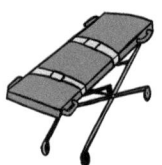

sedye

носилки

tıbbi termometre

термометр

doğum

рождение

fazla kilo

избыточный вес

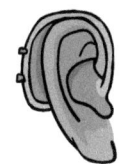

işitme cihazı

слуховой аппарат

dezenfektan

дезинфекционное средство

enfeksiyon

инфекция

virüs

вирус

HIV / AIDS

ВИЧ / СПИД

ilaç

лекарство

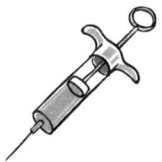
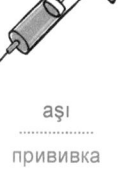

aşı

прививка

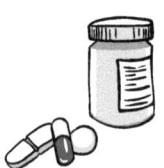

tablet

таблетки

hap

противозачаточная таблетка

acil çağrı

экстренный вызов

tansiyon aleti

прибор для измерения кровяного давления

hasta / sağlıklı

больной / здоровый

İmdat!

Помогите!

darp

нападение

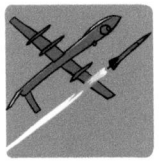

saldırı

атака

tehlike

опасность

acil çıkış

запасной выход

Yangın!

Пожар!

yangın tüpü

огнетушитель

kaza

несчастный случай

ilk yardım çantası

аптечка

imdat

SOS

polis

милиция

Avrupa

Европа

Kuzey Amerika

Северная Америка

Güney amerika

Южная Америка

Afrika

Африка

Asya

Азия

Avustralya

Австралия

Atlantik

Атлантический океан

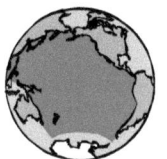

Pasifik

Тихий океан

Hint Okyanusu

Индийский океан

Antarktika Okyanusu

Антарктический океан

Arktik Okyanusu

Северный Ледовитый
океан

Kuzey Kutbu

Северный полюс

Güney Kutbu

Южный полюс

Antarktika

Антарктика

dünya

земля

kara

суша

deniz

море

ada

остров

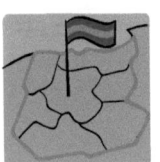

ulus

нация

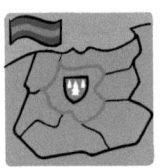

ülke

государство

kadran

циферблат

akrep

часовая стрелка

yelkovan

минутная стрелка

saniye ibresi

секундная стрелка

Saat kaç?

Который час?

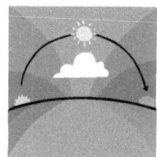

gün

день

zaman

время

şimdi

сейчас

dijital saat

электронные часы

dakika

минута

saat

час

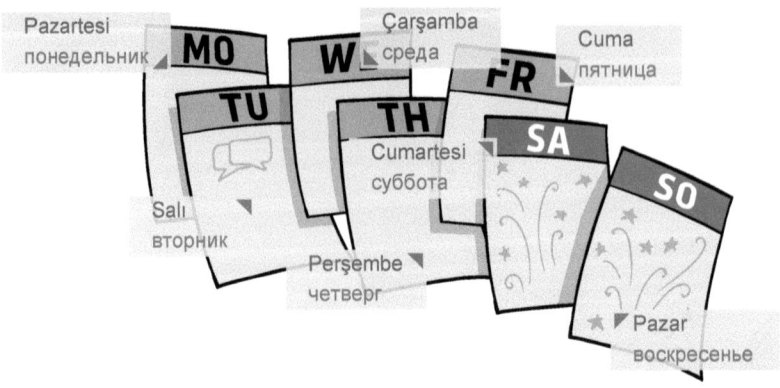

Pazartesi / понедельник — MO
Çarşamba / среда — W
Cuma / пятница — FR
Salı / вторник — TU
Cumartesi / суббота — TH / SA
Perşembe / четверг — SO
Pazar / воскресенье

dün

вчера

bugün

сегодня

yarın

завтра

sabah

утро

öğle

полдень

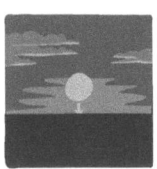

akşam

вечер

iş günleri

рабочие дни

hafta sonu

выходные

yıl

год

yağmur
дождь
gökkuşağı
радуга
rüzgar
ветер
kara
снег
bahar
весна
sonbahar
осень
yaz
лето
kış
зима

4.APRIL 11°
5.APRIL 4°
6.APRIL 13°
7.APRIL 8°
8.APRIL 10°

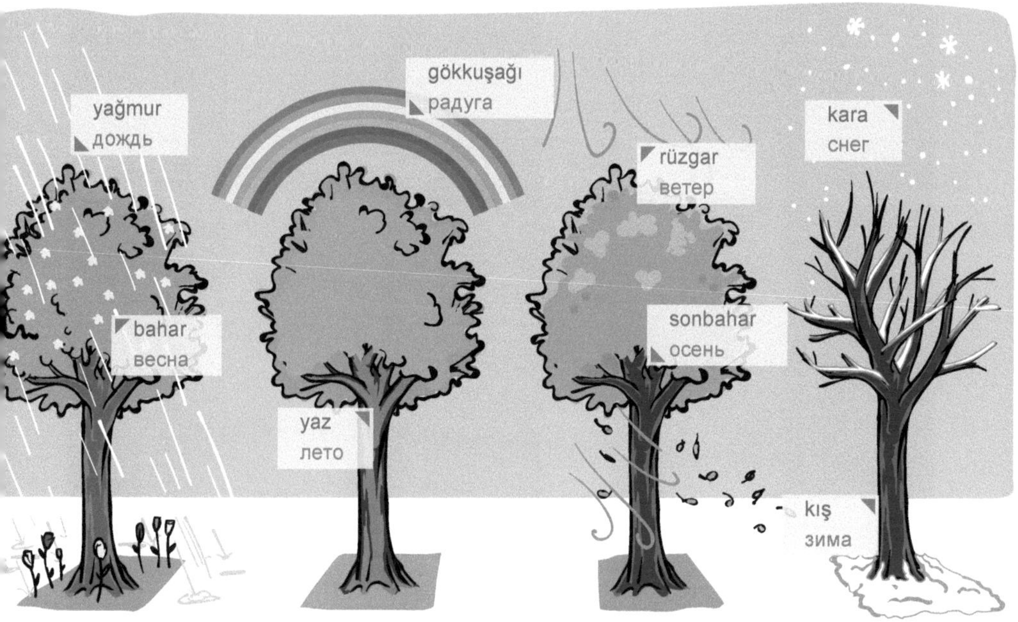

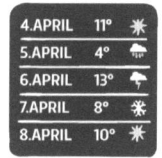

hava durumu tahmini

прогноз погоды

F
C

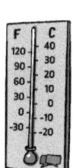

termometre

термометр

güneş ışığı

солнечный свет

bulut

туча

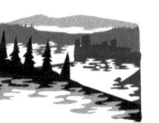

sis

туман

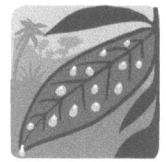

nem

влажность воздуха

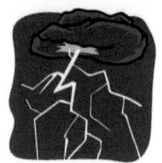

şimşek

молния

gök gürültüsü

гром

fırtına

буря

dolu

град

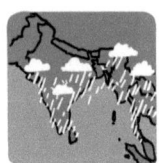

muson

муссон

sel

наводнение

buz

лёд

Ocak

январь

Şubat

февраль

Mart

март

Nisan

апрель

Mayıs

май

Haziran

июнь

Temmuz

июль

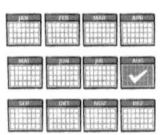

Ağustos

август

Eylül
....
сентябрь

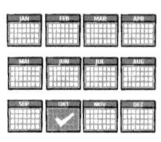

Ekim
....
октябрь

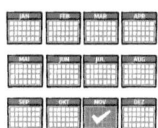

Kasım
....
ноябрь

Aralık
....
декабрь

daire
....
круг

kare
....
квадрат

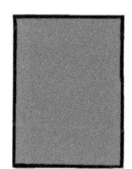

dikdörtgen
....
прямоугольник

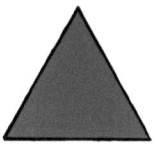

üçgen
....
треугольник

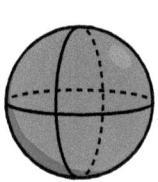

küre
....
шар

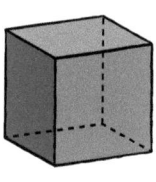

küp
....
куб

beyaz

белый

sarı

желтый

turuncu

оранжевый

pembe

розовый

kırmızı

красный

mor

лиловый

mavi

синий

yeşil

зелёный

kahverengi

коричневый

gri

серый

siyah

черный

çok / az

много / мало

kızgın / sakin

яростный / мирный

güzel / çirkin

красивый / уродливый

başlangıç / son

начало / конец

büyük / küçük

большой / маленький

parlak / karanlık

светлый / темный

rkek kardeş / kız kardeş

брат / сестра

temiz / kirli

чистый / грязный

tamam / eksik

полный / неполный

gün / gece

день / ночь

ölü / canlı

мёртвый / живой

geniş / dar

широкий / узкий

yenilebilir / yenilemez

съедобный / несъедобный

kötü / iyi

злой / дружелюбный

heyecanlı / sıkılmış

взволнованный /
скучающий

şişman / zayıf

толстый / худой

ilk / son

сначала / в конце

dost / düşman

друг / враг

dolu / boş

полный / пустой

sert / yumuşak

твёрдый / мягкий

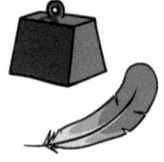

ağır / hafif

тяжёлый / лёгкий

açlık / susuzluk

голод / жажда

hasta / sağlıklı

больной / здоровый

yasa dışı / yasal

незаконный / законный

zeki / aptal

умный / глупый

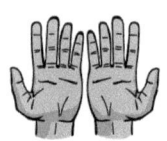

sol / sağ

слева / справа

yakın / uzak

близко / далеко

yeni / kullanılmış

новый / подержанный

hiçbir şey / bir şey

ничто / нечто

yaşlı / genç

старый / молодой

açma / kapama

включено / выключено

açık / kapalı

открыто / закрыто

sessiz / gürültülü

тихо / громко

zengin / fakir

богатый / бедный

doğru / yanlış

правильный /
неправильный

pürüzlü / düz

шероховатый / гладкий

üzgün / mutlu

печальный / счастливый

kısa / uzun

короткий / длинный

yavaş / hızlı

медленный / быстрый

ıslak / kuru

мокрый / сухой

sıcak / serin

тёплый / прохладный

savaş / barış

война / мир

0

sıfır

ноль

1

bir

один

2

iki

два

3

üç

три

4

dört

четыре

5

beş

пять

6

altı

шесть

7

yedi

семь

8

sekiz

восемь

9

dokuz

девять

10

on

десять

11

on bir

одиннадцать

12

on iki

двенадцать

13

on üç

тринадцать

14

on dört

четырнадцать

15

on beş

пятнадцать

16

on altı

шестнадцать

17

on yedi

семнадцать

18

on sekiz

восемнадцать

19

on dokuz

девятнадцать

20

yirmi

двадцать

100

yüz

сто

1.000

bin

тысяча

1.000.000

milyon

миллион

İngilizce

английский

Amerikan İngilizcesi

американский английский

Çince (Mandarin)

мандаринский китайский

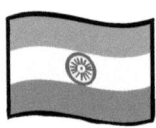

Hintçe

хинди

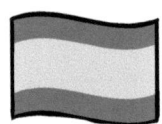

İspanyolca

испанский

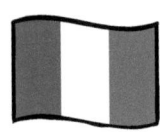

Fransızca

французский

Arapça

арабский

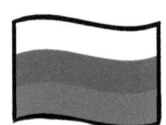

Rusça

русский

Portekizce

португальский

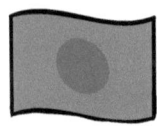

Bengalce

бенгальский

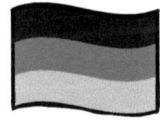

Almanca

немецкий

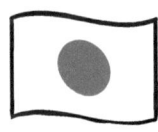

Japonca

японский

ben

я

sen

ты

o

он / она / оно

biz

мы

siz

вы

onlar

они

kim?

кто?

ne?

что?

nasıl?

как?

nerede?

где?

ne zaman?

когда?

isim

имя

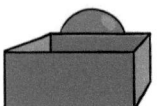

arkasında
······
за

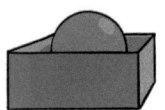

içinde
······
в

önünde
······
перед

üzerinde
······
над

üstünde
······
на

altında
······
под

yanında
······
рядом

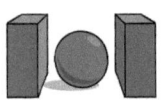

arasında
······
между

yer
······
место